LE
CODE DE LA CONVENTION

SA SUPÉRIORITÉ SUR

LE CODE NAPOLÉON

PAR

Albert PÉTROT

Avocat à la Cour d'appel de Paris, Rédacteur en chef de la VÉRITÉ.

UN franc

PARIS

A. CHÉRIÉ, Éditeur

13, *Rue de Médicis*, 13.

LE

CODE DE LA CONVENTION

BIBLIOTHÈQUE NOUVELLE

DES RÉFORMES JURIDIQUES

LE
CODE DE LA CONVENTION

SA SUPÉRIORITÉ SUR

LE CODE NAPOLÉON

PAR

Albert PÉTROT

Avocat à la Cour d'appel de Paris, Rédacteur en chef de la VÉRITÉ.

UN franc

PARIS

A. CHÉRIÉ, Éditeur

13, *Rue de Médicis*, 13.

LE CODE DE LA CONVENTION

I.

La Révolution française était faite ; il ne subsistait rien de toutes les iniquités et de tous les priviléges que la royauté avait engendrés.

L'Egalité absolue des citoyens avait été proclamée, la Liberté avait remplacé l'arbitraire et le despotisme ; la volonté du *maître* disparaissait devant celle de la loi. C'était une nouvelle ère qui s'ouvrait, apportant avec elle la Justice et le Progrès. C'était la Démocratie qui se substituait à la théocratie et à la monarchie ; c'était le peuple entier qui remplaçait la despotique autorité d'un seul.

C'est dans ces idées que le Code de la Convention fut fait : conforme en tous points au nouvel ordre social, il devait forcément être conforme à la Justice.

Ah ! nos légistes pourront trouver cela étrange : des législateurs qui se sont préoccupés de l'*Idée du Droit*, qui ont tâché de faire un Code aussi semblable que possible aux principes philosophiques dont l'ensemble, à leurs yeux, constituait la Morale et la Justice !

Quant à nous, nous admirons le Code de la Convention ; il contient des erreurs, des lacunes, c'est parfaitement exact. Mais quel rapport pourrez-vous établir entre cette œuvre grande et noble et l'informe compilation à laquelle Napoléon a voulu donner son nom ?

Notre collaborateur G. Murret s'est longuement étendu sur le *Code civil ;* le procès est fait, la condamnation de la « compilation » est votée, — inutile d'y revenir, au moins quant à présent.

Détournons donc les yeux de cet esprit légiste qui étouffe le droit et qui étoufferait jusqu'à l'Idée du Droit si l'Idée n'était immortelle ; portons-nous plutôt vers cet admirable ouvrage de nos révolutionnaires, dont chaque page contient l'exposé des principes qui ont dirigé la Convention nationale.

Droit et Liberté ! telle peut être la noble devise du Code de la Convention.

Droit et Liberté ! en cette formule se résume ce qu'a tenté la Révolution, — ce qu'elle a dû laisser à d'autres le soin de réaliser.

A la séance du 9 août 1793, le rapporteur du projet de Code civil, Cambacérès, montait à la tribune et donnait lecture de son rapport.

Cambacérès était un révolutionnaire alors, — il n'était pas encore consul, archi-chancelier ; il pouvait être républicain..., il l'était.

Voici comment s'exprimait ce rapport :

Citoyens,

Elle est enfin arrivée cette époque si désirée qui doit fixer pour jamais l'empire de la Liberté et des destinées de la France.

La Constitution demandée partout avec transport a été reçue de tous les bons citoyens avec le sentiment de l'admiration et de la reconnaissance ; et comme une éclatante aurore est l'annonce d'un beau jour, avec la Constitution doivent commencer le bonheur du peuple et la prospérité de la République.

Vous avez rempli, en grande partie, la tâche honorable qui vous avait été imposée ; mais vos obligations ne sont point entièrement remplies, vos travaux ne sont point encore finis.

Après avoir longtemps marché sur des ruines, il faut élever le grand édifice de la législation civile : édifice simple dans sa structure, mais majestueux par ses proportions ; grand par sa simplicité même, et d'autant plus solide que, n'étant point bâti sur le sol mouvant des systèmes, il s'élèvera sur la terre ferme des lois de la nature et sur le sol vierge de la République...

Voilà l'idée première de la codification posée, ce nous semble, de la façon la plus remarquable et la plus juste :

S'appuyer sur le Droit seul, sur les principes ; — laisser de côté la routine et les systèmes éclos dans des cerveaux de légistes aux abois.

Dans ce magnifique début de son rapport, Cambacérès pose les règles primordiales qui devraient être la base de toutes les codifications. Il continue, en parlant de la forme *matérielle* du projet de Code, qu'il veut, comme on l'a vu plus haut, aussi « simple dans sa structure que majestueux dans ses proportions », c'est-à-dire dans ses principes, dans l'IDÉE :

Ce serait se livrer à un espoir chimérique que de concevoir le projet d'un Code qui préviendrait tous les cas. Beaucoup de lois, a dit un historien célèbre, font une mauvaise République : leur multiplicité est un fardeau, et le peuple qui en est accablé, souffre presque autant de ses lois que de ses vices...

Quel est donc, conclut-il, le principal but auquel nous devons aspirer ? C'est l'utilité, c'est l'honneur de donner les premiers ce grand exemple aux peuples, d'épurer et d'abréger leur législation.

Comme on l'a fait remarquer, l'homme qui, en 1793, s'exprimait si sagement, est le même qui, dans l'œuvre quasi-napoléonienne, a voulu tout embrasser, tout prévoir, ce qui l'a conduit au chaos que vous savez.

Prenant ensuite un à un les principaux points de la codification, le rapporteur les explique, en fait ressortir l'objet et les causes ; ces solutions sont toutes, ou à peu près, aussi conformes que possible à la Justice et à la Liberté.

Enfin, le plus bel éloge que l'on puisse faire du Code de la Convention, nous le trouvons dans cette phrase du rapport :

« Un système !... Nous n'en avons point ; persuadés que toutes les sciences ont leur chimère, la nature est le seul oracle que nous ayons interrogé. »

II.

J'aurais voulu voir, en tête du Code Napoléon, un résumé où les auteurs de la codification auraient expliqué les idées générales de leur code et les principes qui les avaient guidés. Je crois que cet exposé de principes aurait été fort curieux et n'aurait pas peu contribué à semer de la gaîté dans cette fastidieuse compilation.

Le même embarras n'existait pas pour les membres du comité chargé de rédiger le Code de la Convention : ils l'ont dit eux-mêmes, ils ne connaissent pas l'esprit légiste, ils n'ont pas de « système », pas d'idées préconçues, ils s'inspirent uniquement du droit et de la nature. Il leur était donc aisé de résumer aussi succintement que possible les grands principes de leur Code.

Ils l'ont fait avec un très-réel succès : en trois pages se trouvent admirablement condensés tous les principes d'après lesquels ils ont codifié.

Voici, pour *l'État des personnes*, ces « *motifs de la méthode que l'on a à suivre dans la distribution du Code Civil.* » Cet intitulé est celui du projet même.

LIVRE PREMIER.

DE L'ÉTAT DES PERSONNES.

C'est cet état que l'on apporte et que l'on conserve dans la société.

L'enfant naît, il appartient à la nature ; mais le premier acte qui suit sa naissance instruit que, pour lui assurer tous ses droits, il faut commencer par connaître les auteurs de ses jours.

Le mariage les indique : il appartient donc essentiellement à l'état des personnes.

Le mariage amène nécessairement des rapports entre les époux, ces rapports commencent avec leur union.

Que voit-on ensuite ? Les enfants, on les considère surtout dans leurs rapports avec leur père et mère.

On n'a pas divisé les enfants en plusieurs classes, car ils méritent tous une égale protection aux yeux de la loi.

Le divorce, remède extrême sans doute, mais quelquefois nécessaire, vient ensuite.

L'adoption, cette institution protectrice, cette sage et bienfaisante émule de la nature, n'appartient pas moins à l'état des personnes, elle le confère à l'enfant.

La tutelle créée pour protéger l'être faible, l'interdiction qui suspend la possession d'état, l'absence qui le rend incertain, tous ces actes qui changent ou modifient l'état des personnes, appartenaient essentiellement à ce livre.

Ce court résumé, sans présenter l'aride et sèche brièveté du sommaire ne montre-t-il pas de la manière la plus merveilleuse le développement de l'individu au milieu de la société ?

Ceci d'ailleurs ne tient pas lieu de table, et après l'exposé de la méthode, nous trouvons le *Tableau de la division des livres et des titres du Code*; nous le reproduisons *in-extenso*.

LIVRE PREMIER.

DE L'ÉTAT DES PERSONNES.

Tit. 1. Dispositions générales.
— 2. Du mariage.
— 3. Des rapports entre les époux.
— 4. Des enfants.
— 5. Des rapports entre les pères et mères et leurs enfants.
— 6. Du Divorce.
— 7. De l'adoption.
— 8. Des tutelles.
— 9. De l'interdiction.
— 10. Des absents.

LIVRE II.

DES BIENS.

Tit. 1. Division générale.
— 2. Des différentes manières de jouir des biens, lesquelles comprennent : la propriété, — la possession, — l'usufruit, — l'usage, — les services fonciers, — les rentes foncières.
— 3. Des manières d'acquérir les biens indépendantes des contrats, lesquelles comprennent : l'occupation, — l'accession, — les donations, — les successions, — les prescriptions.

LIVRE III.

DES CONTRATS.

Tit. 1. Des obligations en général.
— 2. Des obligations considérées comme moyens d'acquérir.

— 3. De la vente.
— 4. Du louage.
— 5. Des sociétés et communautés.
— 6. De la constitution de vente.
— 7. Du prêt.
— 8. Du change.
— 9. Du dépôt.
— 10. Du mandat.
— 11. Des droits des créanciers sur les biens de leurs débiteurs.
— 12. Des hypothèques.

LIVRE IV.

DES ACTIONS (1).

Si l'on veut dès à présent juger de la différénce qui existe entre le Code dit Napoléon et celui qui nous occupe, il suffit de jeter les yeux sur le sommaire du livre II.

Dans le Code de la Convention, ce livre comprend trois titres, le premier consacré à des règles générales, les deux autres aux modes de jouissance et d'acquisition des biens. Tous les moyens de jouir des biens sont clairement énumérés dans le titre 2 ; tous les modes d'acquisition autres que les contrats (qui font l'objet du livre III) sont énoncés dans le 3e titre.

Comparez avec la compilation Portalis et Cⁱᵉ ; cherchez dans celle-ci les moyens d'acquérir la propriété, voici ce que vous trouvez :

Dispositions générales. — Et c'est dans ces dispositions générales que l'on met en tas plusieurs moyens d'acquisition, l'occupation qui n'est même pas nommée, l'accession, la loi qui n'est pas nommée non plus, tandis que d'autres modes d'acquérir s'étalent à leur aise dans un titre entier : les successions, les donations.

Quant à la prescription il faut passer par dessus les *contrats*, plus d'un millier d'articles, pour la trouver réléguée tout à la fin du Code : quel ordre, quelle méthode, quelle clarté dans la codification Napoléonienne !

---

(1). Ce livre n'a pas été rédigé.

III.

Dans la première partie de ce travail nous avons cherché à montrer l'esprit du Code rédigé par la commission de la Convention nationale, et à faire constater en même temps l'abîme qui séparait cette œuvre de justice, de conviction, et le travail grossier, informe, à peine ébauché que l'on appelle le *Code civil* et que les courtisans nomment le *Code Napoléon*.

Nous ne prendrons pas article par article le Code de la convention ; nous nous bornerons sur ce point à en recommander chaudement la lecture à ceux de nos lecteurs pour qui le Droit est autre chose qu'un mot et pour qui le Progrès doit être aidé dans son œuvre fatale de Justice et de Liberté.

Ce n'est donc pas à telle ou telle disposition particulière que nous nous attacherons dans cette dernière étude, mais bien à voir dans quelle mesure ce Code a traité la mise en pratique des principes révolutionnaires.

Le titre III du livre Ier est consacré aux *Droits des époux* ; l'art. 11 de ce titre s'exprime ainsi :

« Les époux ont ou exercent un droit égal pour l'administration de leurs biens. »

Plus de servitude pour la femme ; elle est l'égale de l'homme, elle doit avoir les mêmes droits que lui, donc les biens de la communauté non seulement appartiennent à la femme comme au mari, mais ils sont administrés par l'un des époux aussi bien que par l'autre : ce ne fut cependant pas sans discussion que cette solution en tous points équitable fut adoptée.

Il y avait quelques légistes à la Convention ; ils siégeaient à droite, bien entendu. L'un d'eux était le nommé Merlin de Douai ; il devint, sous le Directoire, ministre de la Justice, il le méritait. Un autre s'appelait Thuriot. Pour ces gens-là, la femme était un être de qualité inférieure qu'il fallait tenir en tutelle à cause de sa faiblesse et de son peu d'intelligence.

Légistes que vous êtes, instruisez la femme comme vous instruisez l'homme, et venez nous dire quel est le moins capable et le moins intelligent !

Mais les grandes voix de Danton, de Couthon, de Camille Desmoulins se firent entendre, plaidant éloquemment la cause de la Justice et de l'Egalité : ils la gagnèrent, l'article fut voté.

Le Code de la Convention a un tort : il ne permet pas la recherche de la paternité, mais il est vrai que par une juste compensation il ne fait aucune distinction entre les enfants naturels et les enfants légitimes.

Tels sont ces deux grands points : le droit de la femme et le droit de l'enfant ont été reconnus par le Code de la Convention, ceci suffirait, s'il n'y avait encore bien d'autres raisons, à mériter notre intérêt et notre admiration.

Nous passerons rapidement sur le texte, tout en constatant la clarté, la simplicité et la rectitude de vues qui règnent dans toute cette œuvre, la rigoureuse exactitude des définitions et l'ordre avec lequel toutes ces matières sont classées

Mais une des grandes erreurs du Code de la Convention consiste à supprimer les testaments :

« L'ordre des successions, dit l'art. 38 du titre III, livre II, est déterminé par les lois de la manière la plus convenable à l'utilité publique ; il ne dépend pas des particuliers d'y déroger par des institutions d'héritier, des substitutions ou des exhérédations. »

Il y a là une évidente atteinte à la liberté, et nous sommes surpris de la rencontrer dans une œuvre aussi raisonnée et aussi scientifique que celle qui nous occupe.

Au lieu de la confusion qui se répand dans le Code Napoléon au titre des *Contrats*, nous trouvons ici des règles nettes, courtes, précises : un article du Code de la Convention a rarement plus de trois lignes, souvent il n'en a qu'une ou deux.

Voici la forme, le ton général de ces formules. Prenons le livre III, titre 1er, art. 16.

« La cause qui vicie le contrat ne peut être invoquée que par celui en faveur de qui l'exception est établie. Si le mineur, pour cause de minorité, ou le majeur qui pourrait se prévaloir du défaut de liberté, de l'erreur ou du dol, ne réclament pas, le contrat subsiste. »

Ainsi, dans ce seul article sont posées trois règles, toutes trois parfaitement distinctes et parfaitement claires :

1° L'annulation d'un contrat ne peut être demandée que par celui en faveur de qui la loi a établi ce bénéfice ;

2° Celui-là est : ou un mineur, ou un majeur qui n'a pas été libre dans son consentement, qui a été victime d'une erreur ou d'un dol ;

3° Le contrat n'est annulé que si le mineur, ou le majeur dont le consentement a été vicié, demande cette annulation.

Au Code Napoléon il faut des pages pour expliquer ce que le Code de la Convention dit si clairement en quelques lignes.

De même pour *l'extinction des obligations*, toutes les indications voulues se trouvent énoncées. De quelle façon, nous allons le voir :

1er Mode. Le *payement*. — Trois articles;

2º *La novation*. — Deux articles.

3º *La délégation*. — Deux articles.

4º *La remise de la dette*. — Trois articles.

5º *La Compensation*. — Trois articles.

6º *Perte de la chose*. — Un article,

7º *Condition résolutoire*. — Un article.

8º *Prescription*. — Un article.

Au total : seize articles, précédés de courtes rubriques qui apportent dans cette liste la plus grande clarté.

Nous reportons-nous maintenant à la *Compilation Napoléonienne*? Est-ce bien la peine?

Quatre-vingt-un articles sont consacrés aux modes d'extinction des obligations !

Autre exemple de la clarté que l'on trouve dans le Code de la Convention : on sait que le Code Napoléon n'a pu définir le *créancier* ; on ne rencontre nulle part de définition sur ce mot.

« CODE DE LA CONVENTION. — Titre XI, livre III, art. 1er. Le créancier est celui au profit de qui une obligation est consentie.

« Art. 2. Le titre de créancier donne des droits. Ces droits diffèrent d'après les causes dont les créances dérivent et suivant les effets qu'elles produisent. »

Et, après la question si nettement posée, s'ouvre l'explication des droits de suite, de préférence, enfin des hypothèques.

En soixante-et-onze pages in-8º, est renfermé le Code complet.

Notre conclusion, on la connaît déjà.

Le jour où le Droit ne sera plus supplanté par la routine légiste, le jour où la Justice sera reconnue et acclamée, le jour où la Liberté règnera, où l'Egalité sera en honneur, où la Fraternité entrera dans les cœurs, le jour où à la force, à l'oppression et à l'iniquité qui règnent sur le monde et étreignent l'humanité, se substitueront des principes nouveaux d'ordre, de paix et de régénération, on mettra de côté la compilation jésuitique qui porte (et elle en est digne) le nom du premier Bonaparte, et, révisant dans ses détails l'œuvre des révolutionnaires de 1793, on adoptera quant au fond la seule codification qui soit basée sur l'*Idée du Droit*, celle de la Convention nationale !

Au moment où les électeurs parisiens vont avoir à renouveler le
Conseil municipal, il est de toute nécessité pour eux de posséder le
volume de M. ALBERT PÉTROT, rédacteur en chef de la *Vérité* et avocat
à la Cour d'appel de Paris, qui a pour titre : *les Conseillers municipaux
de Paris et les Conseillers généraux de la Seine.*

Cette utile brochure, d'un prix très-modique (*un franc*), se trouve
par cela même à la portée de toutes les bourses. Elle a été publiée chez
l'éditeur Frédéric Henry, 13, rue de l'Ecole-de-Médecine, et se trouve,
en outre, dans les bonnes librairies de Paris.

Le succès de ce volume s'affirmera, nous en sommes certains, comme
le mérite cet intéressant opuscule écrit dans un sens franchement républicain.

     Orléans. — Imp. CHÉRIÉ, rue de la Hallebarde, 19.

DROIT - LITTÉRATURE - ART

LA VÉRITÉ

ORGANE DES RÉFORMES JURIDIQUES

Paraissant le 1er et le 15 de chaque mois

Rédaction : 53, rue Bonaparte

Administration : 13, rue de Médicis

PRINCIPAUX COLLABORATEURS :

Albert PÉTROT ; Emile ACOLLAS ; Dr FRÉBAULT, député de la Seine ; E. TIERSOT, député ; G. MURRET ; Y.-Y. ; A. DESRAYES ; Félix SALVY ; Alfred SIRVEN ; S. PICHON ; Paul MUSSET, etc., etc.

Le 1er volume (*nouvelle série*) vient de paraître

Un magnifique volume in-8° — 5 francs

660   Orléans. — Imp. universelle de A. CHERIE, rue de la Hallebarde, 19